Bernhard Johannes Schmidt

Vernunft und Freiheit

bei
Thomas von Aquin

Bernhard J. Schmidt
Vernunft und Freiheit
bei Thomas von Aquin

© 2015 Bernhard J. Schmidt,
Bad Reichenhall
Alle Rechte vorbehalten.
ISBN: 9783734760525

Herstellung und Verlag:
BoD – Books on Demand, Norderstedt.

Bibliografische Information der Deutschen Nationalbibliothek:
Die Deutsche Nationalbibliothek verzeichnet diese Publikation
in der Deutschen Nationalbibliografie; detaillierte bibliografische
Daten sind im Internet über http://dnb.dnb.de abrufbar.

Für
Michi und Martin

Inhaltsverzeichnis

1. Vorwort..9
2. Einleitung..12
3. Das Leben des Thomas..............................14
4. Das Werk des Thomas...............................17
5. Das Fremdheitserlebnis.............................19
   - 1 Thomas, der Aristoteliker – Hinwendung zur materiellen Welt 21
   - 2 Thomas, der Heilige................................23
6. Der Notenschlüssel....................................24
   - 1 Die Liebe zu Gott...................................24
   - 2 Thomas´ Liebe zur Welt 25
   - 3 Thomas´ Liebe zur Wahrheit................27
7. STh, Artikel 91,3..28
   - 1 Die Schöpfung.......................................28
   - 2 Das Erkennen 30
8. „Jeder Mensch begehrt von Natur aus zu wissen"...31
   - 1 Das Erkennen der Welt 32
   - 2 Das Erkennen der Wahrheit................32
   - 3 Das Erkennen Gottes 33
9. STh, Artikel 93,4..35
10. Nachwort..37
Literaturverzeichnis.......................................39

1. VORWORT

Der nachfolgende Text stammt aus dem Jahr 1990. Damals studierte ich an der Ruhr-Universität Bochum Philosophie, Psychologie und Neurophysiologie. Der Text war eine Hausarbeit im Seminar „Philosophische Deutungen des Menschen in Vergangenheit und Gegenwart".
Nun, ein viertel Jahrhundert später, erscheint mir der Text immer noch aktuell und wichtig.
Die „Unabhängigkeitserklärung" der US-Amerikaner war und ist ja auch und vor allem eine Unabhängigkeitserklärung von den kulturellen und philosophischen Wurzeln Europas gewesen. Die Auswirkungen davon kann man in den USA bis heute überall spüren und beobachten. Knapp 240 Jahre „Historie" können eben kein Ersatz sein für die Jahrtausende europäischer Kultur. Doch auch bei uns sind die kulturellen Wurzeln, u.a. durch eine fortwährende Amerikanisierung, weitgehend verloren gegangen. Nicht durch eine Unabhängigkeitserklärung, sondern durch täglichen Konsum von Junk-Food und Trash-TV.
Kultur-Anthropologen übersehen zu gerne, dass die Esskultur nicht nur ein wesentlicher Bestandteil sondern auch ein Spiegel der Kultur überhaupt ist.

Vorwort

Noch schlimmer jedoch wird der Verlust spürbar, wenn ein Elektronikhändler mit dem Spruch „Geiz ist geil" werben kann, ohne dass sich Widerstand regt.
Von keiner Kanzel, in keiner Schule, in keiner Zeitung. Für Thomas von Aquin jedoch war noch klar, dass Geiz der Klugheit widerspricht.
Und wenn mittlerweile selbst in Bildungsstätten von Klöstern, wohl mit rein kommerziellen Zielen, „Heilfasten" angeboten wird, dann zeigt dies den vollkommenen Verlust unserer geistigen Wurzeln.
Fasten war ein Mittel für den Geist, nicht für den Körper. Und die Idee des „Heilfasten" folgt eben genau einer manichäischen Trennung von Körper und Geist. Einer Trennung, in der der Geist als das Gute und als Gefangener des Körpers gesehen wird. Eine Trennung, in der der Körper als „dreckig" gesehen wird und man meint, ihn „reinigen" zu müssen. Genau diese Trennung versuchte Thomas von Aquin zu überwinden. Die Betonung der Zusammengehörigkeit von Körper und Geist ist eine zentrale Aussage des Aquinaten.
Gerade heute, in einer Zeit umwälzender Konflikte und Probleme, wäre eine Besinnung auf die überlieferten Erkenntnisse notwendig und hilfreich. Nicht nur bei der Diskussion um eine befürchtete „Islamisierung des Abendlandes" und über die Grausamkeiten religiöser

Fanatiker. Vor 700 Jahren kam die bei uns damals schon einmal verloren gegangene Philosophie des alten Griechenlands genau über das Morgenland wieder zu uns zurück! Gegen massive Widerstände bei europäischen Theologen.

Und auch die Probleme im Umgang mit Menschen, die vor menschenverachtenden und lebensbedrohenden Lebensbedingungen zu uns flüchten, bedürfen einer aufgeklärten Betrachtung. Einer Betrachtung, die sich wieder abwendet von Geiz als vermeintlich einzigem Ziel des Lebens.

Was für Thomas von Aquin damals selbstverständlich war, ist dem heutigen Bewusstsein verloren gegangen. Zum einen die Dynamizität des Lebens. Dass man Leben nicht statisch erfassen kann, dass Leben eine Bewegung ist und eine Richtung hat.

Dass Vernunft und Freiheit Tätigkeitsvermögen sind. Und dass es eben genau Vernunft und Freiheit sind, die den Menschen vom Rest der „Schöpfung" unterscheiden. Zudem der aufklärerische Gedanke, dass Wissen und Erkenntnisse aus allen zur Verfügung stehenden Quellen berücksichtigt werden sollten.

Auch wenn wir gerne über das „finstere Mittelalter" reden, in diesen Punkten war uns das Mittelalter weit voraus. Und es täte gut, uns an unsere Wurzeln der Vernunft und der Toleranz zu erinnern.

2. EINLEITUNG

> *„Der Mensch besitzt eine ganz erstaunliche Geschicklichkeit in der Kunst, sich aller seiner Erzieher zu entledigen, indem er sie zu gutmütigen Verziehern und unterhaltlichen Hanswürsten ummodelliert."*
> Egon Friedell

Dass man einem so großen Philosophen wie Thomas von Aquin in so einem kurzen Text nicht annähernd gerecht werden kann, braucht wohl nicht extra begründet zu werden. Es kann also nur darum gehen, die Gefahr zu vermeiden, Thomas als Hanswurst erscheinen zu lassen, der einige abstruse Vorstellungen über die Anthropologie zur allgemeinen Erheiterung beizutragen hat. Diese Gefahr beruht auf mehreren Ursachen. Zum einen führt die Behandlung eines so kleinen Stückes (Artikel 91,3 und 93,4 der „Summa Theologica" (STh)) aus dem gewaltigen Gesamtwerk des Thomas in Verbindung mit der von Thomas bewusst einfach gehaltenen Sprache schnell zu der trügenden Überzeugung, man habe das Wesentliche verstanden. Aber, wie Pesch (1988) zu recht sagt:
„In Wahrheit enthüllt sich der genaue Sinn und der Stellenwert einer thomanischen Einzelaussage oft erst

beim Eindringen in die Zusammenhänge eines ganzen Traktates, ja der theologischen Denkweise des Thomas im ganzen."

Zum anderen führt der Weg zum Verständnis des Thomas nur „durch ein gründliches Fremdheitserlebnis hindurch" [Pesch (1988)], zu dessen Überwindung es nach Josef Piepers Meinung eines „Notenschlüssels" bedarf. Dieser „verborgene Notenschlüssel" ist, auch wenn dies vorurteilsfrei hinzunehmen dem heutigen Menschen schwer fällt, Thomas unbeirrbarer Glaube an Gott und die Schöpfung. Das Problem, das sich aus dem Trugschluss ergibt, der 'allgemeine Lehrer der Christenheit', der vor ca. 700 Jahren gelebt hat, habe einem Nicht-Christen von heute nichts mehr zu sagen, ist nicht so sehr, dass man dadurch Thomas nicht gerecht wird, sondern dass man sich selber eine große Chance nimmt, belehrt zu werden.

3. DAS LEBEN DES THOMAS

Thomas wird um 1225 auf der Burg Roccasecca bei Aquino geboren, in einer Zeit, die durch vielfältige und große Veränderungen gekennzeichnet ist. Es ist die Zeit der Entstehung der Bettel- und Predigerorden der Franziskaner und Dominikaner und der Universitäten, wodurch sowohl die Religion als auch die Wissenschaft die Eierschale der Klostermauern durchbrechen.

Die bis dahin in den abseits der Städte gelegenen Klöstern aufbewahrte Religion und Wissenschaft wird nun einer breiteren Bevölkerungsschicht zugänglich. Diese Entwicklung und die daraus entstehende Frage, ob Glaube (fides) und Wissenschaft (ratio) vereinbar seien, werden bestimmend sein für Thomas' Leben.

Aber auch die Auseinandersetzungen zwischen dem Papst und Friedrich II., zu dessen Hofadel Thomas' Vater und seine Brüder gehören, sind für sein Leben bestimmend. Dies auch auf eine sehr direkte Weise, denn als Fünfzehnjähriger muss er aus der Abtei Monte Cassino fliehen, da kaiserliche Truppen die Abtei stürmen und alle Mönche vertreiben, die nicht in den Territorien Friedrichs geboren sind. Nach Monte Cassino hatte ihn die Familie als Fünfjährigen in die Schule geschickt, wohl mit dem Ziel, dass er einmal Abt von Monte Cassino würde.

Nun, nach der Vertreibung, geht er nach Neapel, an „die von Friedrich kurz vorher gegründete erste reine Staatsuniversität des Abendlandes." [Pieper (1967)]
Dort kommt er in Berührung sowohl mit Aristoteles als auch mit dem Predigerorden der Dominikaner, in den er als Neunzehnjähriger eintritt. Den revolutionären Charakter, den diese beiden Begegnungen in der damaligen Zeit hatten, verdeutlicht Peschs (1988) Vergleich mit einem Industriellensohn, der Marx studiert und einer Kommune beitritt. Dass die Eltern versuchen, dieser Entwicklung Widerstand zu leisten (sie sperren Thomas für ca. ein Jahr in den burgeigenen Turm), wird wohl dadurch verständlich, aber dieser bleibt ohne Erfolg. So geht Thomas im Jahre 1245 an die Universität Paris (und dies gehen ist, wie auch bei all seinen anderen Reisen, wörtlich gemeint), wo gerade Albertus Magnus seine Lehrtätigkeit aufnimmt. Thomas wird dessen Schüler und geht mit ihm nach Köln. Dort vergräbt sich Albertus in das Studium des Dionysius Areopagita, der in der Wichtigkeit für Thomas Werk gegenüber Aristoteles, dessen Einfluss häufig überschätzt wird, in nichts nachsteht.
Mit siebenundzwanzig Jahren geht Thomas wieder nach Paris, um dort zuerst an der Ordensschule der Dominikaner zu wirken und dann im Jahre 1256 Professor der Theologie an der dortigen Universität zu werden.

Das Leben des Thomas

Seine Aufnahme an der Universität geschieht aber nur durch das Eingreifen des Papstes gegen erhebliche Widerstände innerhalb der Professorenschaft, die den wachsenden Einfluss der Bettelorden fürchtete.
Ab 1259 bis hin zu seinem Tod am 7. März 1274 führt Thomas ein unstetes Wanderleben, dass ihn nirgends länger als 2-3 Jahre an einem Ort hält. In dieser Zeit ist er ständig im Auftrag des Ordens oder des Papstes unterwegs. Knapp fünfzig Jahre nach seinem Tod, am 18. Juli 1323, wird Thomas heilig gesprochen. 1567 wird Thomas zum „Kirchenlehrer" erklärt, 1918 wird er in den Codex Iuris Canonici aufgenommen, „mit der Bestimmung, dass die Priester der katholischen Kirche ihre theologische und philosophische Bildung gemäß der Methode, der Lehre und den Prinzipien des Thomas von Aquin erhalten sollen." [Pieper (1967)]

4. DAS WERK DES THOMAS

In dem relativ kurzen und sehr unruhigen Leben hat Thomas eine erstaunliche Fülle an Schriften verfasst, nicht so sehr was ihre Zahl angeht, jedoch in Bezug auf ihren Umfang. So besteht die Summa theologica, der die hier behandelten Artikel entstammen, alleine aus ca. 3.000 Artikeln. Die anderen Werke hier zu erwähnen würde zu weit führen. Zu berücksichtigen sind sie aber insofern, als dass man im Auge behalten muss, dass das Werk des Thomas nicht einheitlich ist, so dass man aus der alleinigen Kenntnis der STh nicht auf das Gesamtwerk extrapolieren darf.

Dies führe, wie Pieper (1967) sagt, „zu einem sozusagen klassizistischen Thomas-Bilde".

Außerdem ist, wie Flasch (1987) sagt, im Vergleich mit der STh, an der Thomas von 1266 bis 1273 gearbeitet hat und die häufig als das Hauptwerk bezeichnet wird, „der Sentenzenkommentar offener, die Summa contra gentiles motivreicher, die Quaestiones disputates philosophisch gründlicher".

Dies lässt sich wohl dadurch erklären, dass die STh, wie im Prolog zum ersten Buch ausdrücklich gesagt, ein Buch zur Unterweisung der Anfänger sein soll.

Um den Aufbau dieses drei Bücher umfassenden, gewaltigen Werkes im einzelnen zu erläutern fehlt hier der Raum.

Zum Verständnis unbedingt erforderlich ist jedoch die Kenntnis des der STh wohl zugrunde liegende, wenn auch in ihr nicht ausdrücklich erwähnten, Egress-Regress-Schemas. Darauf eingegangen werden soll jedoch nicht an dieser Stelle, sondern nach der Erläuterung der Umstände, die bei der Beschäftigung mit Thomas zu dem „Fremdheitserlebnis" führen.

5. DAS FREMDHEITSERLEBNIS

> *„Wenn der Mensch, diese Eintagsfliege, sich einbilden kann, dass der ganze Aeonenreigen dieses Kosmos nur auf seine Zwecke hin getanzt worden sein, dann weiß man, was man von ihm zu halten hat."*
> Rupert Riedl

Thomas wächst auf in einem Weltbild, in dem der Glaube an Gott selbstverständlich ist. Dieser Glaube schließt ein die Gewissheit, dass die Welt durch die Schöpfung Gottes entstanden ist und der Mensch das Ziel derselben ist. Doch mit dem Heraustreten aus der familiären und monastischen Umgebung kommt Thomas mit der nach Unterscheidung von der Theologie strebenden Philosophie in Kontakt.

Denn das Jahrhundert, in dem Thomas lebt, ist ein Jahrhundert des Umbruchs, in dem die Wissenschaft eine neue Bewertung erfährt. Die Zeit einer rein theologischen Sicht auf die Welt, die diese nur symbolisch und allegorisch betrachtet, nimmt in Europa ihr Ende. „Der Begriff von Wissenschaft änderte sich. Symbolische und allegorische Erklärungen verschwanden zwar nicht, aber sie galten immer weniger als 'wissenschaftlich'." [Flasch (1987)]

Stark begünstigt wurde diese Entwicklung durch das Eindringen der Texte griechischer und arabischer Philosophen aus dem Morgenland, das die Frage nach der Unterscheidung von Philosophie und Theologie noch dringlicher machte.

Mitten in diesem Umbruchprozess also steht Thomas und versucht, die auseinander treibenden Pole von Glauben und Wissen zu vereinigen. Möglich wird ihm dies dadurch, dass er selber beide Pole in überdurchschnittlichem Maß in sich vereinigt. Dabei muss man jedoch berücksichtigen, „dass bei Thomas von Aquin die Philosophie von der Theologie abhängig ist und diese wiederum von der Heiligkeit. Mit anderen Worten, die grundlegende Tatsache, …, muss … hervorgehoben werden: Diese große geistige Schöpfung war eine christliche und eine katholische Schöpfung, und sie darf als gar nichts anderes aufgefasst werden." [Chesterton (1957)]

Aber als Theologe entscheidet sich Thomas für die Weltlichkeit, die ihm im Werk des Aristoteles begegnet.

1 Thomas, der Aristoteliker – Hinwendung zur materiellen Welt

Erwähnt man Thomas, so fällt häufig der Name „Aristoteles", oft in der Überzeugung, dass die Verbuchung unter diesem Stichwort sowohl Thomas als auch das 13. Jahrhundert hinreichend charakterisieren würden. Aber genauso wie das 13. Jahrhundert durch die Aristoteles-Rezeption nicht in seiner ganzen Fälle zu erfassen ist, so wird man auch Thomas nicht gerecht, charakterisiert man ihn einfach als Aristoteliker.
In welcher Hinsicht diese Bezeichnung nun aber auf ihn zutrifft, soll hier untersucht werden.
Im Hinblick auf sein Werk ist Thomas bestimmt kein Aristoteliker, denn neben Aristoteles finden auch Platon, Augustin und Dionysius Areopagita eine höchst wirksame Anwesenheit in diesem.
In zweifacher Hinsicht jedoch ist es berechtigt, Thomas in die unmittelbare Nähe von Aristoteles zu bringen.
So ist es „dem Einsatz des Thomas ... in erster Linie zuzuschreiben, dass Aristoteles im Abendland rezipiert wurde." [Seckler (1964)]
Zum anderen ist durch seine Zuwendung zu Aristoteles im wesentlichen seine eigene Haltung und das durch diese in die Theologie eingehende Neue bestimmt.

Das Fremdheitserlebnis

Hier befinden wir uns an der zentralen Stelle des Umbruchs. Denn die Zuwendung zu Aristoteles bedeutet, im Unterschied zu der tradierten symbolischen und allegorischen Sicht: „die leibhaftige Welt der materiellen Wirklichkeit, auch im Menschen selbst, der Leib, die Sinne und das, was sie zu fassen bekommen – all das wird, auf eine bis dahin unerhörte Weise, ernst genommen." [Pieper (1967)]

Aber sie bedeutet auch die Bezugnahme auf einen Heiden. Dies ist solange kein Problem, wie man Philosophie und Theologie als unabhängig nebeneinander existierend betrachtet, wie Albertus Magnus es tat.

Für den Theologen Thomas jedoch, der die Gefahr der Aufspaltung in das, was man glaubt, und das, was man weiß, beseitigen will, ist es ein Problem, das zu der Paradoxie führt, dass er schon Aristoteliker sein muss, um Aristoteles überhaupt rezipieren zu können.

Denn die Überzeugung , dass die „Anerkennung aller natürlichen Wirklichkeit ... notwendig auch Anerkennung der Funde der natürlichen Erkenntniskraft, wo immer sie sich finden, also auch in der vor- und außerchristlichen Welt" [Pieper (1967)] heißt, ist die Voraussetzung für die theologische Aristoteles-Rezeption. Dass Thomas diese Überzeugung hatte und sie so erfolgreich gegenüber den anderen Theologen seiner Zeit vertreten konnte, ist nur durch seine Heiligkeit zu erklären.

2 Thomas, der Heilige

Mit dem Wort 'Heiliger' verbinden sich vielfach Vorstellungen, die dem Wesen des heiligen Thomas nicht nahe kommen. Dies liegt zum einen an dem Problem, die eigene christliche Vergangenheit unbefangen zur Kenntnis zu nehmen, zum anderen an dem verbreiteten Bild des die Weltlichkeit ablehnenden, asketisch lebenden Heiligen. Dieses Bild mag auf manchen Heiligen zutreffen, auf Thomas jedoch nicht. In Thomas scheint „zum ersten Mal ein Mensch kanonisiert worden zu sein … insofern er Theologe und Lehrer war. Die zweiundvierzig Zeugen des Kanonisationsprozesses wissen wenig zu berichten über außergewöhnliche Bußwerke, über Aufsehen erregende Taten und Kasteiungen; sie scheinen geradezu in Verlegenheit zu sein, dass sie übereinstimmend nur immer wiederholen können: Thomas sei ein lauterer Mensch gewesen, demütig, schlicht, den Frieden liebend, der Kontemplation hingegeben, maßvoll, ein Liebhaber der Armut." [Pieper (1967)]
Um nun die Frage, was unter der Heiligkeit des Thomas zu verstehen sei, zu beantworten, soll das Wort 'Liebe' als Notenschlüssel dienen, auch wenn dieses heute nicht weniger problematisch ist als das Wort 'Heiligkeit'.

6. DER NOTENSCHLÜSSEL

Fragt man nach der Berechtigung und dem Sinn der Hervorhebung des Begriffes 'Liebe' bei Thomas, so lassen sich zwei Antworten finden.
Zum einen ist für Thomas klar, dass nur der durch Liebe zu Gott geformte Glauben wahrer Glauben ist, im Gegensatz z.B. zum Glauben aus Nützlichkeitserwägungen, dem 'fides informis'.
Zum anderen zeigt sich gerade in der Übereinstimmung zwischen Theorie und Praxis der Liebe zu Gott, der Welt und der Wahrheit die Größe des Aquinaten. Gleichzeitig wird sich bei der Behandlung dieses Aspektes der Theologie des Thomas auch die Grundlage der STh erhellen, nämlich das Exitus-Reditus-Schema.

1 Die Liebe zu Gott

Sofern man es nicht in der heute üblichen Begriffsreduzierung auf das rein Sexuelle benutzt, haftet dem Wort 'Liebe' der Hauch der Naivität an. Diese meint man, und dies wohl nicht zu Unrecht, in der Manifestation der Liebe zu Gott bei Thomas zu finden. Wenn also Thomas, statt in den in Wohlhabenheit existierenden Orden der Benediktiner einzutreten, in den Bettelorden der Domini-

kaner eintritt, um das evangelische Ideal der Armut auf strengste Weise zu verwirklichen, und sein ganzes Leben lang auf Titel und Würden verzichtet, anstatt Abt von Monte Cassino zu werden, dann wird daran die mit Naivität gekennzeichnete Fremdheit des Aquinaten deutlich. Auf der anderen Seite führt ihn die Liebe zu Gott zu einer philosophischen Hellsichtigkeit in der Bestimmung des Wesens Gottes, die die hergebrachte augustinische wesentlich verändert. „Wenn Augustin den Gottesnamen las, dann verstand er: 'Ich bin der sich niemals Wandelnde'; wenn aber Thomas die gleichen Worte las, dann verstand er: 'Ich bin der reine Akt des Seiens'." [Gilson, Etienne – zitiert nach Pieper (1967)]
Diese Neudefinition Gottes als 'actus purus', als das reine Sein, als Bezeichnung des Zusammenfallens von Essenz und Existenz, birgt umwälzende Konsequenzen für die gesamte Theologie, auf die noch einzugehen sein wird. Gott ist also das reine Sein, die Ur-Sache, der Schöpfer allen Seins und damit in logischer Folge der Schöpfer der Welt.

2   Thomas´ Liebe zur Welt

„Wo immer ich etwas Wirkliches, etwas auf welche Weise immer Existierendes antreffe, da treffe ich etwas an, das unmittelbar von Gott her 'entflammt' ist. Ich habe es mit etwas zu tun, das dem Durch-sich-selbst-Existierenden ähnlich ist – und zwar nicht erst aufgrund einer 'hinzukommenden' Vollkommenheit, sondern aufgrund des Existierens selbst: in quantum habet esse, est Ei simile." [Pieper (1967)]

Dieses Wirkliche, die Welt mit allen ihren Erscheinungen, ist also in jedem Fall von Gott geschaffen, ist Gott ähnlich, da von ihm 'entflammt', und ist gut; „und wer die Vollkommenheit der geschaffenen Dinge schmäht, der schmäht die Vollkommenheit der göttlichen Kraft" [Pieper (1967)]. Wenn also, wie in V.1 gesagt, Thomas die Welt und damit auch den Menschen und seine Sinne auf neue Weise ernst nimmt, so liegt hier der Grund dafür. Dies hat zwei Konsequenzen. „Während sich Platon, Augustin und die Franziskaner die Seele als Gefangenen des Leibes vorstellen und das Menschentum allein in der Seele sehen, bekennt sich Thomas kühn zu der aristotelischen Ansicht und definiert den Menschen – selbst die Persönlichkeit – als ein aus Leib und Seele, Materie und Form zusammen gesetztes Wesen." [Durant (1981)]

Durch diese Neubewertung des Leibes und damit auch der Sinne, bekommt auch die durch die Sinne erlangte Erkenntnis einen neuen Stellenwert.

3 Thomas´ Liebe zur Wahrheit

In einer Zeit, in der die Veruneigentlichung der natürlichen Welt durch die symbolisch-allegorische Sichtweise der Religion unerträglich wird, begehrt die Wissenschaft eigenständige Anerkennung. Diese zu vertreten ist Thomas´ große und nicht zu überschätzende Leistung.
„Das Wissen wird nicht bloß als Hilfsmittel der Theologie gewertet, sondern es ist etwas Selbständiges und hat sein eigenes Recht." [Hirschberger (1949)]
Aber die Theologie darf nicht auf sie verzichten, ganz im Gegenteil. „Bei Thomas steht zu lesen: 'Die Erkenntnis des Glaubens setzt die natürliche Erkenntnis voraus.'; 'offenbar müssen die, welche die Heilige Schrift lehren (d.h. die Theologen) sich auch der weltlichen Weisheit bedienen'; 'Irrtümer über die Schöpfung führen zuweilen von der Wahrheit auch des Glaubens ab'." [Pieper (1967)]
Aber Thomas bleibt in erster Linie Theologe. Und so ist es nicht verwunderlich, wenn er andererseits sagt: „Was in den sonstigen Wissenschaften sich als im Widerspruch mit der Theologie befindlich erweist, muss als falsch verworfen werden." [Hirschberger (1949)]
Immer ist bei der Beschäftigung mit Thomas zu berücksichtigen, dass im Mittelpunkt seines Denkens nicht der Mensch steht, sondern Gott.

7. STH, ARTIKEL 91,3

Hatte der Leib des Menschen eine ihm entsprechende Beschaffenheit?

Vor dem Hintergrund des bisher dargestellten kann nun der Artikel 91,3 zur Zusammenfassung und Erläuterung dienen.

1 Die Schöpfung

Die Frage 91 behandelt „Die Hervorbringung des Leibes des ersten Menschen". Es geht also nicht um die Beschaffenheit des heutigen Menschen, sondern um die Qualität der Schöpfung. Unter diesem Aspekt scheint es nicht verwunderlich, dass Thomas zu der Antwort kommt, dass der Mensch die „beste Beschaffenheit" und die „ausgeglichenste Verfassung" hat, denn wäre es nicht so, so wäre Gottes Schöpfung nicht vollkommen.

Doch ist genau diese Sichtweise das umwerfend Neue gegenüber z.B. Augustin, der weder mit dem Leib noch mit der durch die Sinne erlangte Erkenntnis etwas anzufangen weiß.

Bei Thomas geht also alles von Gott aus und in dieser Schöpfung steht der Mensch im Mittelpunkt. Er steht in der Mitte zwischen reinem „erdhaftem Grundstoff", verkörpert durch die unbelebte Materie, und dem reinen Geist, verkörpert durch Gott. Zwischen unbelebter Materie und dem Menschen stehen die Pflanzen und Tiere, zwischen Menschen und Gott die Engel.

„Von Gott gehen alle Geschöpfe aus und kehren je auf ihre Art durch Verähnlichung zu ihm zurück – zu dem einen Endzweck, dass in ihrer Mitte das eine Geschöpf, der Mensch, zum vollen Ebenbild Gottes wird." [Pesch (1988)]

Zwei Punkte enthält dieses Zitat, die Berücksichtigung finden müssen. Zum einen das Herausgehen aus Gott, der „Exitus", also die erste Hälfte des Exitus-Reditus-Schemas. Zum anderen die zweite Hälfte desselben, nämlich die Rückkehr zu Gott durch 'Verähnlichung', worauf noch in Zusammenhang mit Artikel 93,4 einzugehen sein wird.

Zusammenfassend: „Im Hervorgang der Kreaturen aus ihrem ersten Ursprung zeigt sich eine Art Kreislauf, *quaedam circulatio vel regiratio*, in dem nämlich alle Dinge als zu ihrem Ende eben dorthin zurückkehren, von woher sie im Anfang ihren Ausgang genommen haben." [Pieper (1967)]

2 Das Erkennen

Nur der Mensch verfügt unter den Erdengeschöpfen zusätzlich über die 'anima rationalis', die Vernunftseele. Wogegen die Pflanzen nur über die 'anima vegetativa' und die Tiere nur über 'anima vegetativa', 'anima appetitiva', 'anima sensitiva', und 'anima motiva' verfügen.
Die ihm von Gott verliehene Vernunftseele zeichnet also den Menschen vor allen anderen Geschöpfen aus und bestimmt auch „das nächste Ziel des Menschen". Was als Mangel in der Verfassung des Menschen erscheinen mag ist im Gegenteil die Voraussetzung für die Vernunftseele und führt somit zur „ausgeglichensten Verfassung". Die Vernunftseele besteht aus dem Vermögen des Denkens und des freien Willens, so dass der Mensch zwar mit diesen Vermögen ausgestattet, aber zur Anwendung nicht gezwungen ist. Wenn Thomas also sagt: „Das nächste Ziel des Menschen ist aber die Vernunftseele und ihre Tätigkeiten", so spiegelt sich darin das Verhältnis der von Gott gegebenen Rationalität und der Anwendung derselben als freie Entscheidung des Menschen. „Vernunft und Freiheit sind Tätigkeitsvermögen." [Pesch (1988)]

8. „JEDER MENSCH BEGEHRT VON NATUR AUS ZU WISSEN"

Drei Dinge sind es, die für Thomas entscheidend sind. Erstens der Kreislauf von Gott durch die Welt zu Gott zurück, zweitens das Mittel des Menschen zur Rückkehr, die Rationalität, und drittens die Freiheit, sich für die Rückkehr zu Gott entscheiden zu können.
„Für die theologische Anthropologie des Aquinaten bedeutet das konkret, dass nicht 'fertige' Menschen durch äußerliches Gebot dazu bestimmt oder angehalten werden, zu Gott als ihrem Ursprung 'zurückzukehren' oder sich zu ihm als einem neuen Ziel zu bekehren, sondern dass der Mensch, der 'fertig' werden will, als ein Sich-Verfertigender immer schon unterwegs ist zu sich und damit zu seinem Ursprung." [Seckler (1964)]
Dieses 'sich verfertigen' ist untrennbar verbunden mit dem Erkennen, und zwar nicht mit dem direkten Erkennen Gottes, sondern „das erste, was von uns in diesem Leben erkannt wird, ist die Wesenheit der materiellen Dinge, die das Objekt unseres Erkennens bilden ..." [Hirschberger (1949)]

1 Das Erkennen der Welt

Die Wichtigkeit, die Thomas dem Erkennen der natürlichen Wirklichkeit als Grundstufe des aufwärts strebenden Prozesses der Erkenntnis beimisst, ist, wie schon mehrfach erwähnt, das wesentlich Neue an seiner Denkweise. „Der Satz, dass Gott das Ersterkannte sei, …, wird ausdrücklich abgelehnt: 'Das erste, was von uns in diesem Leben erkannt wird, ist die Wesenheit der materiellen Dinge, die das Objekt unseres Erkennens bilden, wie oben schon oft gesagt wurde'." [Hirschberger (1949)] Ausgehend von dieser Grundlage kommt der Mensch dann zu höherer Erkenntnis: „Es ist dem Menschen natürlich, dass er durch das Sinnliche zum Übersinnlichen kommt, weil alle Erkenntnis bei den Sinnen anhebt" [Pesch (1988)].

2 Das Erkennen der Wahrheit

Durch das Abstrahieren von den Sinnendingen steigt der Mensch auf zur geistigen Erkenntnis, zum Erkennen der Wahrheit. „'Es kann nicht gesagt werden, dass die sinnliche Erkenntnis die ganze und vollendete Ursache der geistigen Erkenntnis bilde'; sie muss vielmehr nur als das Material für die Ursache dieser Erkenntnis betrachtet

werden; und darum sei es 'nicht zu verwundern, wenn die geistige Erkenntnis die Sinneserfahrung überschreitet'."
[Hirschberger (1949)]
„Der Schritt darüber hinaus (über die Sinneserfahrung) wird vollzogen durch den 'tätigen Verstand'. Er ist die eigentliche Wirkursache unserer geistigen Erkenntnis."
[Hirschberger (1949)]
Diese geistige Erkenntnis verweist auf Gott, denn seine Spuren finden sich in der von ihm geschaffenen Welt. So lässt einen die Abstraktion von der sinnlichen Erkenntnis die in der Schöpfung verwirklichte Ordnung erkennen, die hinweist auf Gottes Wirken. „Der Ordo-Gedanke beherrscht die ganze Philosophie des Aquinaten. Kein Seiendes steht planlos im Universum. Es gibt ein oberstes Ziel, auf das alles hingeordnet ist, das mit Gott gegebene *summum bonum*." [Hirschberger (1949)]

3   Das Erkennen Gottes

„De Deo scire non possumus quid sit, sed quid non sit; 'wir vermögen nicht zu wissen, was Gott ist, vielmehr nur, was er nicht ist'". [Pieper (1967)]
Gleich zu Beginn der STh macht Thomas diese wesentliche Einschränkung. Dadurch wird fraglich, welchen Sinn der Versuch des Erkennens überhaupt hat, da er von vornherein zum Scheitern verurteilt ist.

Dabei ist zu Berücksichtigen, dass die Unerkennbarkeit Gottes, aber auch der Welt, bei Thomas nicht heißt, dass uns keine Erkenntnis möglich ist, sondern im Gegenteil, gerade die Unausschöpfbarkeit der Erkenntnismöglichkeiten begründet die Unerkennbarkeit.

Welche Funktion hat also der 'tätige Verstand' im Denken des Thomas?

9. STH, ARTIKEL 93,4

„Findet sich das Bild Gottes in jedem Menschen?"

Behandelte die 91. Frage die Hervorbringung des ersten Menschen, also den Ausgang aus Gott, so ist das Thema der 93. Frage „das Ziel oder der Endpunkt der Hervorbringung des Menschen" oder die Rückkehr zu Gott. Auch hier begegnet uns also das der gesamten Summe zugrundeliegende Exitus-Reditus-Schema.
Im vierten Artikel der 93. Frage der STh wird das Ziel des Menschen, nämlich die 'Nachahmung Gottes', und der Weg dorthin näher bestimmt.
In jedem Menschen, auch dem Sünder, findet sich das Ebenbild – *imago* – Gottes. Und zwar begründet durch die den Menschen auszeichnenden Eigenschaften der Rationalität und Freiheit. „Die Gottebenbildlichkeit kann nirgendwo anders ihren Ort haben als in dem, was den Menschen vor allen anderen Geschöpfen auszeichnet, und dazu gehört unstreitig, geradezu unvermeidlich, Rationalität und Freiheit." [Pesch (1988)]
Doch damit ist nur die Grundlage der Möglichkeit zur Nachahmung Gottes genannt. Das Ziel des Menschen liegt darin, Gott ähnlich zu werden. Diese Ähnlichkeit – *similitudo* – ist kein einmal zu erwerbender Zustand,

sondern wird erreicht durch die Tätigkeit der Vernunft („Vernunft und Freiheit sind Tätigkeitsvermögen") und aufgrund gnadengeschenkter Liebe. Auch wenn also Gott und die Welt prinzipiell für den Menschen nicht erkennbar sind, so führt doch die 'Tätigkeit der Vernunft' zur 'Gleichförmigkeit in der Gnade'. Die vollkommene Ähnlichkeit ist jedoch erst „in der ewigen Herrlichkeit" möglich. Die Suche nach der Wahrheit wirft den tätigen Verstand immer auf sich selbst zurück. „Wahrheit ist, wie Thomas in *De veritate I,9* erklärte, nur möglich durch Selbstreflexion, das Zurückkommen des Denkens auf sich selbst." [Flasch (1987)]

So sagt Thomas in 93,4: „Die höchste Nachahmung Gottes besteht aber für die geistige Natur in der Nachahmung seiner Selbsterkenntnis und Selbstliebe."

10. NACHWORT

Ob uns wirklich eine „Islamisierung" droht, darüber mag man trefflich streiten.

Gewiss dagegen ist jedoch, dass wir in den letzten Jahrzehnten bereitwillig das philosophische Wissen und die gesellschaftlichen Strukturen von Jahrtausenden leichtfertig über Bord geworfen haben.

Bereitwillig haben wir für „Glasperlen und Wolldecken" unsere Kulturgüter weggeschmissen.

Es wäre gut, sich dieser Güter wieder zu besinnen, diesen nachzujagen anstatt unserer Gier.

Nicht anderen „Moral" zu predigen, am besten noch mit „Feuer und Schwert", sondern sich selber um Tugend zu bemühen. Um eine Tugend, die sich nicht, wie heute oft in der schlichten Version zu hören und zu lesen ist, auf „Empathie" gründet, sondern auf die vier Kardinaltugenden:

- Klugheit
- Gerechtigkeit
- Tapferkeit
- Maß

Verweisen möchte ich an dieser Stelle auf die Bücher von Josef Pieper, insbesondere auf „Das Viergespann".

LITERATURVERZEICHNIS

Chesterton, Gilbert Keith: Thomas von Aquin,
Heidelberg, F.H. Kerle, 2. Auflage 1957

Durant, Will: Kulturgeschichte der Menschheit
Frankfurt/M., Berlin, Wien, Ullstein 1981, Bd. 7

Flasch, Kurt: Das philosophische Denken im Mittelalter.
Von Augustin zu Machiavelli
Stuttgart, Reclam 1987

Hirschberger, Johannes: Geschichte der Philosophie
Freiburg, Herder 1949

Pesch, Otto Hermann: Thomas von Aquin: Grenze und
Größe mittelalterlicher Theologie
Main, Matthias-Grünewald-Verlag 1988

Pieper, Josef: Hinführung zu Thomas von Aquin
Freiburg i. Br., Herder 1967

Seckler, Max: Das Heil in der Geschichte. Geschichts-
theologisches Denken bei Thomas von Aquin
München, Kösel 1964